핵심 중국어 간체자
(简体字)

차례

Contents

간체자란 무엇인가

1. 간체자란

간체자란 한자의 필획을 줄여서 기억하는 데 편리하도록 만든 글자이다. 1949년 중화인민공화국이 수립된 이후, 문자개혁위원회의 주도로 한어병음의 제정과 보급, 보통화의 보급이란 목표와 함께 강력하게 추진되었다.

대만에서는 여전히 번체자(正字)를 사용하고 있지만, 중국대륙에서는 몇 번의 조정을 거쳐 1986년 2,235자를 확정하여 현재 공식적으로 사용하고 있다. 이 책에는 그중 가장 상용화된 간체자 390여 자가 담겨있다.

2. 간체자 제정 기준

첫째, 획수가 17획 이상인 한자를 12획 이하로 줄이지 않는
   다.
둘째, 오래전부터 쓰인 간편한 한자는 그대로 사용한다.
셋째, 서예법의 규칙과 특징에 맞게 간화(簡化)한다.

3. 간체자의 간략화 방법

① 古字를 그대로 채용한 자
   从-從   众-衆
② 초서를 해서화한 자
   书-書   见-見
③ 편방을 간단한 성부로 바꾼 자
   远-遠   历-歷
④ 원래 글자의 일부분만을 취한 자
   习-習   声-聲
⑤ 같은 음의 글자로 대체한 자
   后-後   面-麵
⑥ 편방을 유추한 자
   贝-貝   马-馬

4. 사전 보는 방법

① 실린 간체자는 필획수 순서이며, 같은 필획수일 때는 시작 필획 〈一〉, 〈丨〉, 〈丿〉, 〈丶〉, 〈一〉 순서이다.

② 왼쪽이 간체자, 괄호 안의 글자가 번체자(正字)이다.

③ 한자 옆에 우리말 독음, 한어 병음을 표기하였다.

2^획

【厂(廠)】 창 chǎng 공장.

【厂商】 chǎngshāng 조업자. 메이커(maker).

【厂子】 chǎngzi 공장.

【儿(兒)】 아 ér 아이.

【儿歌】 érgē 동요.

【儿子】 érzi 아들.

【几(幾)】 기

1. jī 거의. 2. jǐ 몇.

【几乎】 jīhū 거의. 하마터면.

【几個】 jǐge 몇 개.

【几月几号】 jǐyuèjǐhào 몇 월 며칠.

3^획

【干(乾)】 건

1. **gān** 마르다. 건조하다.

2. **qián** ①팔괘(八卦)의 하나. ②하늘.

【干杯】gānbēi 건배하다.

【干坤】qiánkūn 건(乾)과 곤(坤).

【干(幹)】 간 gàn

①중요한 부분. 줄기. ②(일을) 하다.

【干部】gànbù 간부.

【干事】gànshì 일을 처리하다.

【万(萬)】 만 wàn

①만(숫자). ②많다. ③매우. 절대로.

【万千】wànqiān 수천수만.

【万分】wànfēn 대단히. 매우. (부정문에서) 절대로.

【与(與)】 여 yǔ

①주다. ②사귀다. ③지지하다. ④와(과).

【与夺】yǔduó 여탈. 주는 일과 빼앗는 일. 찬사와 비난.

【个(個)】 개 gè, ge

①크기. ②물건이나 사람을 세는 양사.

【个别】gèbiè 개개의. 개별적인.

【个子】gèzi 체격. 키. 크기.

【么(麽)】 마 me

这, 那 등의 뒤에 붙는 접미사.

【什么】shènme 무슨. 어떤.

【这么】zhème 이렇게.

【广(廣)】 광 guǎng

①폭. 넓이. ②넓다. ③많다. ④넓히다.

【广大】guǎngdà 넓다.

【门(門)】 문 mén 문. 출입구.

【门口】ménkǒu 입구. 현관.

【门票】ménpiào 입장권.

【义(義)】 의 yì ①정의. 의리. ②의미.

【卫(衛)】 위 wèi 지키다. 보호하다.

【卫护】wèihù 지키다. 보호하다.

【飞(飛)】 비 fēi

①날다. ②의외의. ③근거 없는.

【飞机】fēijī 비행기.

【习(習)】 습 xí

①배우다. ②익숙하다. ③습관.

【习字】xízì 글씨를 익히다.

【马(馬)】 마 mǎ 말.

【马路】mǎlù 대로. 큰길.

【乡(鄉)】 향 xiāng

①시골. 농촌. ②고향.

【乡间】xiāngjiān 마을. 시골.

【乡书】xiāngshū 고향에서 온 편지.

4획

〈一〉

【丰(豊)】 풍 fēng 풍부하다. 많다.
【丰富】 fēngfù 풍부하다.

【开(開)】 개 kāi
①열다. ②넓히다. ③운전하다. ④(물이) 끓다.
【开始】 kāishǐ 시작하다.

【无(無)】 무 wú
①없다. ②〜을 막론하고.
【无所謂】 wúsuǒwèi 상관없다. 아무래도 좋다.

【专(專)】 전 zhuān

①전문적이다. ②오로지. ③독점하다. ④전념하다.

【专业】 zhuānyè (대학의) 전공. 전문 업무.

【云(雲)】 운 yún 구름.

【艺(藝)】 예 yì

①재능. ②예술.

【艺術】 yìshù 예술.

【厅(廳)】 청 tīng

모임이나 손님을 접대하는 방.

【历(歷)】 력 lì

①경과하다. ②경험하다. ③과거의.

【历史】 lìshǐ 역사.

【历(曆)】 력 lì

①역법. ②행사일정표.

【旧历】 jiùlì 음력. 【月历】 yuèlì 달력.

【区(區)】 구 qū

①나누다. 구분하다. ②지역. 지대.

【区别】 qūbié 구별(하다).

【车(車)】 차 chē 차.

【车票】 chēpiào 차표.

【车站】 chēzhàn 정거장.

〈丿〉

【贝(貝)】 패 bèi 조개.

【见(見)】 견 jiàn ①보다. ②만나다.

【见面】 jiànmiàn 만나다.

〈丿〉

【气(氣)】 기 qì

①공기. ②숨. 호흡. ③기후. ④화(내다).

【生气】 shēngqì 화내다. 성내다

【天气】 tiānqì 날씨

【长(長)】 장

1. **cháng** ①길다. ②장점.

2. **zhǎng** 자라다.

【长成】 Chángchéng 만리장성.

【长大】chángdà 자라다. 성장하다.

【币(幣)】 폐 bì

①화폐. ②비단.

【人民币】rénmínbì 인민폐(중화인민공화국 화폐).

【从(從)】 종 cóng ①따르다. ②~로부터.

【从此】cóngcǐ 이제부터.

【风(風)】 풍 fēng ①바람. ②풍경.

【刮风】guāfēng 바람이 불다.

【仅(僅)】 근 jǐn

①겨우. 가까스로. ②다만. 단지.

【仅是】jǐnshì 겨우.

〈丶〉

【为(爲)】 위

1. wéi ①하다. ②~이 되다.

2. wèi ①~을 위하여. ②~ 때문에.

【为了】wèile ~을 위하여.

【为什么】wèshénme 무엇 때문에. 왜.

【斗(鬪)】 투 dòu 싸우다. 투쟁하다.

【斗争】 dòuzhēng 투쟁(하다). 분투하다.

【计(計)】 계 jì ①셈하다. ②계획(하다).

【计划】 jìhuà 계획(하다).

【计算】 jìsuàn 계산(하다).

【认(認)】 인 rèn

①인식하다. 알다. ②인정하다.

【认识】 rènshi 알다. 인식하다.

〈ㄱ〉

【队(隊)】 대 duì 대열. 팀.

【足球队】 zúqiúduì 축구팀.

【办(辦)】 판 bàn

①처리하다. ②경영하다.

【办公室】 bàngōngshì 사무실.

【办理】 bànlǐ (사무를) 처리하다.

【劝(勸)】 권 quàn

①권하다. 충고하다. 설득하다 ②격려하다

【双(雙)】 쌍 shuāng 둘. 쌍.

【书(書)】 서 shū
①글. 책. ②편지. ③문서. 서류.
【书包】 shūbāo 책가방.
【书店】 shūdiàn 서점.

5획

⟨一⟩

【击(擊)】 격 jī

①치다. 공격하다. ②부딪히다.

【节(節)】 절 jié

①마디. ②기념일. ③항목. ④절기. 계절. ⑤절약하다.
【节日】 jiérì 기념일. 명절.

【术(術)】 술 shù ①기술. ②방법.

【美术】 měishù 미술.

【龙(龍)】 용 lóng 용

【龙虎】 lónghǔ 용과 호랑이. 걸출한 인물.

【灭(滅)】 **멸 miè** ①불을 끄다. ②없애다. 소멸시키다.

【灭火】 mièhuǒ 불을 끄다

【东(東)】 **동 dōng** 동쪽.

【东边】 dōngbiān 동쪽.

【东亚】 dōngyà 동아시아.

〈丿〉

【业(業)】 **업 yè**

①일. 업무. ②직업. ③학업. ④기술. ⑤불교의 업.

【业务】 yèwù 업무. 일.

【旧(舊)】 **구 jiù**

①옛날의. ②낡다. 오래되다.

【帅(帥)】

1. **수 shuài** 장수.

2. **솔 shuài** ①통솔, 인솔하다. ②보기 좋다. 멋지다.

【帅哥】 shuàigē 멋진 남자. 젊은 오빠.

【归(歸)】 **귀 guī** 돌아오다(가다).

【叶(葉)】 엽 yè

①잎. ②시대. 시기. ③(책의) 페이지. 쪽.

【叶子】 yèzi 잎.

【号(號)】 호 hào

①이름. ②번호. ③날짜.

【号码】 hàomǎ 번호. 사이즈.

【电(電)】 전 diàn 전기. 번개.

【电话】 diànhuà 전화.

【电脑】 diànnǎo 컴퓨터.

〈丿〉

【们(們)】 문

men 인칭대사나 사람을 지칭하는 명사 뒤에 붙어 복수를 나타냄.

mén 지명에 쓰이는 글자.

【我们】 wǒmen 우리들.

【学生们】 xuéshengmen 학생들.

【图们江】 túménjiāng 두만강.

【仪(儀)】 의 yí ①외모. ②의식. ③선물.

【乐(樂)】

1. **락 lè** 즐겁다. 기쁘다.

2. **악 yuè** 음악.

3. **요 yào** 즐기다. 좋아하다.

【乐观】lèguān 낙관적이다.

【音乐】yīnyuè 음악.

【乐山乐水】yàoshānyàoshuǐ 산과 물을 좋아하다.

【处(處)】 처

1. **chù** 곳. 장소.   2. **chǔ** 처리하다.

【处处】chùchù 어디에나. 도처에.

【鸟(鳥)】 조 niǎo 새.

【鸟窝】niǎowō 새둥지.

【鸟类】niǎolèi 조류.

【务(務)】 무 wù ①일. 업무. ②종사하다.

【任务】rènwu 임무.

【务农】wùnóng 농업에 종사하다.

〈ヽ〉

【头(頭)】 두 tóu ①머리. ②단서.
【头发】 tóufa 머리카락.

【汉(漢)】 한 hàn 한나라. 한족
【汉语】 Hànyǔ 한어. 중국어.
【汉字】 Hànzì 한자.

【讨(討)】 토 tǎo
①요구하다. 청구하다. ②받아내다.
③초래하다. ④탐구하다. 연구하다.
【讨价还价】 tǎojiáhuà 흥정하다

【写(寫)】 사 xiě (글씨를) 쓰다.
【写信】 xiěxìn 편지를 쓰다.

【让(讓)】 양 ràng ①양보하다. ②사퇴하다.
【让步】 ràngbù 양보하다.

【礼(禮)】 예 lǐ ①예의. ②선물. ③의식.
【礼貌】 lǐmào 예의. 예의바르다

【礼物】lǐwù 선물

【记(記)】 기 jì ①기억하다. ②기록하다.
【记錄】jìlù 기록(하다).

〈ㄱ〉

【边(邊)】 변 biān ①가장자리. ②~쪽.
【边際】biānjì 끝. 한도. 한계.
【边邊】zhèbian 이쪽. 여기.

【发(發)】 발 fā
①일어나다. 발생하다. ②출발하다.
【出发】chūfā 출발하다.

【圣(聖)】 성 shèng
①성스럽다. ②성인.
【圣诞节】shèngdànjié 성탄절. 크리스마스

【对(對)】 대 duì
①옳다. 맞다. ②대하다. ③대답하다. ④~에 대하여.
【对话】duìhuà 대화.

【台(臺)】 대 tái

①대. 무대. ②기계·차량 등을 세는 양사.

【柜台】 guìtái 프론트.

【纠(糾)】 규 jiū

①얽히다. ②규합하다. ③바로잡다. ④조사하다.

【纠察】 jiūchá ①조사하다. ②공공질서를 유지하다.

③피켓. 규찰대원.

【纠缠】 jiūchán ①뒤엉키다. ②치근거리다.

③분쟁을 일으키다.

6^획

〈一〉

【动(動)】 동 dòng

①움직이다. ②감동시키다.

【动身】 dòngshēn 출발하다.

【执(執)】 집 zhí

①잡다. ②시행하다.

【场(場)】 장 chǎng 장소. 무대. 마당.

【亚(亞)】 아 yà ①두 번째의. ②아시아.

【亚洲】 yàzhōu 아시아 주.

【机(機)】 기 jī ①기계. 기구. ②기회.

【机场】 jīchǎng 비행장. 공항.

【机会】 jīhuì 기회.

【权(權)】 권 quán ①세력. 권력. ②저울추.

【权力】 quánlì 권력. 권세.

【过(過)】 과 guò

①지나다. ②초과하다.

③동사 뒤에 붙어 과거의 경험을 나타냄.

【过去】 guòqù 지나가다.

【压(壓)】 압 yà ①누르다. ②진압하다.

【压力】 yàlì 압력, 정신적 중압감.

【达(達)】 달 dá

①통하다. ②(목표를)달성하다. ③나타내다.

【达到】 dádào 도달하다. 이르다.

【划(劃)】 획 huà

①분할하다. 선을 긋다. ②계획하다.

【毕(畢)】 필 bì 마치다. 끝나다.

【毕业】 bìyè 학교를 졸업하다. 졸업.

〈ﾉ〉

【师(師)】 사 shī

①스승. ②군대. ③본보기로 삼다.

【当(當)】 당 dāng

①당당하다. ②마땅하다.

【当然】 dāngrán 당연하다.

【虫(蟲)】 충 chóng 벌레. 곤충.

【团(團)】 단 tuán

①둥글다. ②단체. ③단합하다. ④덩어리.

【团结】 tuánjié 단결(하다).

【刚(剛)】 강 gāng

①강직하다. ②단단하다. ③지금. 막. 금방.

【刚才】 gāngcái 방금. 막.

【岁(歲)】 세 suì 해. 나이.

【岁数】 suìshu 연령. 나이.

〈丿〉

【伟(偉)】 위 wěi 위대하다. 훌륭하다.

【伟大】 wěidà 위대하다.

【传(傳)】 전

1. **chuán** 널리 전하다.   2. **zhuàn** 전기(傳記).

【传记】 zhuànjì 전기.

【优(優)】 우 yōu ①우수하다. ②풍족하다.

【优秀】 yōuxiù 우수하다.

【价(價)】 가 jià ①가격. ②가치.

【价值】 jiàzhí 가치.

【华(華)】 화 huá

①빛나다. 찬란하다. ②정화. 정수. ③중국.

【华丽】 huálì 화려하다.

【后(後)】 후 hòu ①뒤. 다음. ②후손.
【后來】 hòulái 후에. 나중에.

【会(會)】 회 huì
①모이다. 모으다. ②만나다. ③할 수 있다. ④잠시.
【会谈】 huìtán 회담(하다).

【杀(殺)】 살 shā 죽이다.
【杀害】 shāhài 살해하다. 죽이다.

【众(衆)】 중 zhòng 무리.
【众人】 zhòngrén 많은 사람. 여러 사람.

【爷(爺)】 야 yé 아버지.

【创(創)】 창 chuàng
처음 시작하다. 창조하다.
【创业】 chuàngyè (일)을 시작하다.

【杂(雜)】 잡 zá
①섞이다. 섞다. ②복잡하다. 여러 가지이다.
【杂粮】 záliáng 잡곡.

【杂誌】 zázhì 잡지.

【负(負)】 부 fù

①짐을 지다. ②책임을 지다. ③배반하다. ④패하다.

【负责】 fùzé 책임을 지다. 책임감이 강하다

〈丶〉

【壮(壯)】 장 zhuàng

①씩씩하다. 힘이 세다. ②크다.

【壮大】 zhuàngdà 장대하다.

【冲(衝)】 충

1. chōng 돌진하다. 충돌하다.

2. chòng 맹렬하다. 향하다.

【冲击】 chōngjī 충돌하다. 충격. 쇼크.

【妆(妝)】 장 zhuāng 화장. 치장(하다).

【庄(莊)】 장 zhuāng

①마을. ②상점. ③장중하다. 정중하다.

【庆(慶)】 경 qìng ①경사. ②축하하다.

【国庆节】guóqìngjié 국경일.

【齐(齊)】 제 qí

①가지런하다. ②갖추어져 있다. ③함께.

【齐备】qíbèi 완전히 갖추어지다.

【产(產)】 산 chǎn

①아이를 낳다. ②생산하다.

【产科】chǎnkē 산부인과.

【闭(閉)】 폐 bì

①문을 닫다. ②막히다. ③끝내다.

【闭门】bìmén 문을 닫다.

【问(問)】 문 wèn ①묻다. ②추궁하다.

【问好】wènhǎo 안부를 묻다.

【关(關)】 관 guān

①문을 닫다. ②끄다. ③관계(관련)되다.

【关门】guānmén 문을 닫다.

【灯(燈)】 등 dēng 등. 등불.

【灯光】dēngguāng 등불.

【汤(湯)】

1. **탕** tāng 국물. 탕.

2. **상** shāng 물이 세차게 흐르는 모양.

【兴(興)】 흥

1. **xīng** 시작하다. 일으키다　2. **xìng** 흥미. 재미

【兴趣】 xìngqù 흥미. 취미. 재미

【讲(講)】 강 jiǎng

①말하다. ②강의하다. ③흥정하다.

【讲话】 jiǎnghuà 말하다. 이야기하다.

【军(軍)】 군 jūn 군사. 군대.

【军队】 jūnduì 군대.

【许(許)】 허 xǔ

①허가(허락)하다. ②대단히.

【允许】 yǔnxǔ 허락하다.

【讼(論)】 론 lùn 논하다. 토론하다.

【讨讼】 tǎolùn 토론(하다).

【农(農)】 농 nóng 농사. 농민.

【农村】nóngcūn 농촌.

【设(設)】 설 shè

①세우다. 설치하다. ②계획하다.

③가정하다. ④만일. 만약.

〈ㄱ〉

【尽(盡)】 진 jìn ①다하다. ②다 써 버리다.

【尽力】jìnlì 힘을 다하다.

【导(導)】 도 dǎo

①이끌다. 인도하다. ②지도하다.

【导游】dǎoyóu 관광 가이드. 관광안내하다.

【孙(孫)】 손 sūn 손자. 후손.

【孙女】sūnnǚ 손녀.

【阵(陣)】 진 zhèn

①진영. ②싸움터. ③잠깐 동안의 시간.

【阳(陽)】 양 yáng

①햇볕. 태양. ②밝다.

【阳光】 yángguāng 햇빛.

【阶(階)】 계 jiē ①계단. ②등급.

【阴(陰)】 음 yīn

①어둡다. ②흐리다. ③음흉하다.

【阴天】 yīntiān 흐린 날씨.

【妇(婦)】 부 fù

①며느리. ②아내. 부인.

【妇女】 fùnǚ 부녀자. 여성.

【妈(媽)】 마 mā 어머니.

【妈妈】 māmā 엄마. 어머니.

【戏(戲)】 희 xì

①놀다. 장난하다. ②연극. ③놀이. 유희.

【戏剧】 xìjù 연극. 드라마.

【观(觀)】 관 guān

①바라보다. 관찰하다. ②경치. ③생각. 관점.

【观点】 guāndiǎn 관점.

【欢(歡)】 환 huān 기뻐하다. 즐거워하다.

【欢迎】 huānyíng 환영(하다).

【买(買)】 매 mǎi 사다. 구매하다.

【买卖】 mǎimài ①거래. 장사. ②거래하다. 사고팔다.

【红(紅)】 홍 hóng 붉은 색. 붉다.

【红綠燈】 hónglǜdēng 교통 신호등.

【约(約)】 약 yuē

①제약하다. ②약속(하다). ③대체로. 약. ④절약하다.

【约定】 yuēdìng 약정(하다). 약속(하다).

【约束】 yuēshù 단속하다.

【级(級)】 급 jí ①등급. 계급. ②학년.

【高级】 gāojí 고급.

【年级】 niánjí 학년.

【纪(紀)】 기 jì

①기재하다. ②정리하다. ③규율. 질서. ④한 세기.

7획

〈一〉

【寿(壽)】 수 shòu

①장수. ②수명. ③생일. 생신.

【麦(麥)】 맥 mài 보리. 밀.

【大麦】 dàmài 보리.

【小麦】 xiǎomài 밀.

【进(進)】 진 jìn

①나아가다. ②진전되다. ③들어가다.

【进口】 jìnkǒu 수입(하다).

【进來】 jìnlái 들어오다.

【远(遠)】 원 yuǎn 멀다. 심오하다.

【远程】 yuǎnchéng 장거리의. 먼 거리의.

【远大】 yuǎndà 원대하다.

【运(運)】 운 yùn

①움직이다. ②운전하다. ③나르다. ④운세. 운명.

【运動】 yùndòng 운동(하다).

【运气】 yùnqì 운세. 운명.

【坏(壞)】 괴 huài

①무너지다. 부서지다. ②나쁘다. 악하다. ③상하다.

【坏处】 huàichu 결점. 나쁜 점.

【护(護)】 호 hù 보호하다. 지키다.

【护士】 hùshì 간호사

【块(塊)】 괴 kuài

①덩어리. ②덩어리 모양의 물건을 세는 양사.

③화폐의 단위. ④함께. 같이.

【声(聲)】 성 shēng

①소리. ②명성. ③말하다.

【声调】shēngdiào 성조.

【声音】shēngyīn 소리. 목소리.

【报(報)】 보 bào

①보답(하다). ②알리다. ③신문. 간행물.

【报告】bàogào 보고(하다).

【报名】bàomíng 지원하다. 등록하다. 신청하다.

【严(嚴)】 엄 yán ①엄하다. ②빈틈없다.

【严格】yángé 엄격하다.

【严紧】yánǐn 빈틈이 없다.

【劳(勞)】 로 láo

①일(하다). ②공로. ③피로하다. ④위로하다.

【劳动】láodòng 노동(하다). 일(하다).

【苏(蘇)】 소 sū 깨어나다. 소생하다.

【极(極)】 극 jí

①다하다. 절정에 이르다. ②절정. ③극히. 아주.

【极大】jídà 대단히 크다.

【极了】jíle 매우. 극히.

【两(兩)】 량 liǎng ①둘. ②무게 단위.

【两边】 liǎngbiān 양쪽. 쌍방.

【丽(麗)】 려 lì 곱다. 아름답다. 화려하다.

【美丽】 měilì 아름답다.

【医(醫)】 의 yī 의사. 의원.

【医生】 yīshēng 의사.

【还(還)】 환

1. hái ①아직. ②또. ③벌써.

2. huán ①돌아오다. ②되돌리다.

【还是】 háishi 여전히. 아직도.

【来(來)】 래 lái 오다.

【连(連)】 련 lián

①잇다. ②계속해서.

【连结】 liánjié 연결하다.

【连续】 liánxù 계속하다.

【坚(堅)】 견 jiān

①견고하다. 단단하다 ②확고하다 ③굳게. 끝까지

【时(時)】 시 shí

①때. 시기. 시간. ②계절.

【时候】 shíhou 시기. 때. 시절.

【县(縣)】 현 xiàn 고을. 현.

【里(裏)】 리 lǐ 속. 안쪽.

【里边】 lǐbian 안(쪽).

【园(園)】 원 yuán

①꽃밭. ②공공장소.

【公园】 gōngyuán 공원.

【员(員)】 원 yuán

어떤 직무나 분야에서 일하는 사람.

【服务员】 fúwùyuán 종업원.

【职员】 zhíyuán 직원.

【听(聽)】 청 tīng ①듣다. ②복종하다.

【听写】 tīngxiě 받아쓰기.

【听众】 tīngzhòng 청중. 청취자.

〈ノ〉

【针(針)】 침 zhēn 바늘.

【乱(亂)】 란 luàn
①어지럽다. 질서가 없다. ②전쟁. 재난. 소란.
【乱糊】luànhu 어수선하다.

【体(體)】 체 tǐ
①신체. 몸 ②모습. 형식.
【体育馆】tǐyùguǎn 체육관.

【余(餘)】 여 yú
①남다. ②여분. 나머지.

【条(條)】 조 tiáo
①가지. 항목. ②가늘고 긴 것을 세는 양사.
【条件】tiáojiàn 조건.

【饭(飯)】 반 fàn 밥. 식사.
【饭店】fàndiàn ①호텔. ②레스토랑.
【饭馆】fànguǎn 식당. 음식점.

【系(係)】 계 xì

①연계되다. 관련되다 ②계통. 계열. ③대학의 학과.

〈丶〉

【状(狀)】

1. **상 zhuàng** ①모양. ②형세.

2. **장 zhuàng** 문서. 증서.

【状态】 zhuàngtài 상태.

【应(應)】 응

1. **yīng** 당연히 ~해야 한다.

2. **yìng** ①대답하다. 응답하다. ②응하다. ③상대하다.

【应該】 yīnggāi 당연히 ~해야 한다.

【这(這)】 저 zhè ①이것. ②이렇게.

【这儿】 zhèér 여기. 이곳.

【这样】 zhèyàng 이렇게.

【间(間)】 간 jiān 사이. 가운데.

【中间】 zhōngjiān 중간. 사이.

【怀(懷)】 회 huái

①품. 가슴. ②마음 속. ③품에 안다. ④그리워하다.
⑤임신하다. ⑥어루만지다.

【证(證)】 증 zhèng

①증거. ②증명하다.

【识(識)】 식 shí

①알다. 인식하다. ②생각. 지식.

【诉(訴)】 소 sù

①호소하다. ②고소하다.

【词(詞)】 사 cí 말. 단어.

【词典】 cídiǎn 사전.

〈ㄱ〉

【层(層)】 층 céng 층. 겹. 일부분.

【层次】 céngcì 순서. 단계.
【层叠】 céngdié 서로 겹치다. 겹겹으로 포개다.

【迟(遲)】 지 chí 늦다. 느리다.

【迟到】 chídào 지각하다. 늦다.

【迟早】 chízǎo 조만간.

【张(張)】 장 zhāng

①열다. 펴다. ②베풀다. ③평평한 것을 세는 양사.

【张开】 zhāngkāi 열다. 벌리다. 펼치다.

【际(際)】 제 jì

①끝. 가장자리. ②때. 시기. ③사귀다.

【际限】 jìxiàn 끝. 한계.

【鸡(鷄)】 계 jī 닭.

【鸡蛋】 jīdàn 계란.

【鸡肉】 jīròu 닭고기.

【纯(純)】 순 chún

①순수하다. ②성실하고 거짓 없다.

【纵(縱)】 종

1. zòng ①석방하다. ②마음대로 하게 두다. ③불을 놓다.

2. zōng 세로

【纸(紙)】 지 zhǐ 종이.

【纸币】 zhǐbì 지폐.

【纸店】 zhǐdiàn 지물포.

8획

〈一〉

【责(責)】 책 zé ①책임. ②꾸짖다.

【责备】 zébèi 비난하다. 탓하다. 꾸짖다.

【责任】 zérèn 책임.

【现(現)】 현 xiàn

①현재. 지금. ②나타나다.

【现代】 xiàndài 현대.

【现在】 xiànzài 현재.

【表(錶)】 표 biǎo 시계.

【表针】 biǎozhēn 시계 바늘.

【手表】 shǒubiǎo 손목시계.

【规(規)】 규 guī 규칙. 규범.

【规定】 guīdìng 규정.

【规范】 guīfàn 규범.

【担(擔)】 담

1. dān 메다. 맡다. 2. dàn 짐. 책임.

【担心】 dānxīn 걱정하다.

【担子】 dànzi 짐. 부담.

【顶(頂)】 정 dǐng

①정수리. ②물체의 맨 위. ③가장. 제일.

【势(勢)】 세 shì 기세. 세력. 형세.

【势力】 shìlì 세력.

【范(範)】 범 fàn

①모범. 본보기. ②범위. ③모형.

【范围】 fànwéi 범위.

【模范】 mófàn 모범.

【构(構)】 구 gòu

①얽어 짜다. ②결성하다.

【构成】gòuchéng 만들다. 구성하다.

【构造】gòuzào 구조. 조직.

【丧(喪)】 상

1. **sāng** 상을 당하는 것. 초상에 관한 일.

2. **sàng** ①상실하다. 잃다. ②의기소침하다.

【画(畵)】 화 **huà**

①그림. ②그림을 그리다. ③계획하다.

【画家】huàjiā 화가.

【卖(賣)】 매 **mài** 팔다.

【卖方】màifāng 파는 사람.

【矿(礦)】 광 **kuàng**

①광석. 광물. ②광산.

【码(碼)】 마 **mǎ**

①숫자, 수를 뜻하는 부호.

②영국의 길이 단위 야드.

【奋(奮)】 분 **fèn**

①힘쓰다. ②분발하다. ③화내다.

【奋斗】fèndòu 분투하다.

【奋勉】fènmiǎn 힘써 노력하다.

【态(態)】 태 tài

①모양. ②태도.

【形态】xíngtài 형태.

【态度】tàidù 태도.

【转(轉)】 전

1. **zhuǎn** ①바뀌다. ②전하다.

2. **zhuàn** ①돌다. ②둘러보다.

【转播】zhuǎnbō 중계방송(하다).

【转门】zhuànmén 회전문.

【轮(輪)】 륜 lún

①바퀴. ②둥근 바퀴 모양. ③순서가 돌아오다.

【软(軟)】 연 ruǎn 부드럽다. 연약하다.

【软和】ruǎnhuo 부드럽다. 온화하다.

【软件】ruǎnjiàn 소프트웨어.

〈ᄎ〉

【齿(齒)】 치 chǐ ①치아. ②연령.

【齿科】chǐkē 치과.

【贤(賢)】 현 xián

①재능이 있다. ②어질다.

【贤明】xiánmíng 현명하다.

【贤妻】xiánqī 어진 아내.

【国(國)】 국 guó 나라. 국가.

【国际】guójì 국제.

【罗(羅)】 라 luó ①나열하다. ②그물.

【罗列】luóliè 나열하다. 열거하다.

【罗马】luómǎ 로마.

【败(敗)】 패 bài

①지다. ②실패하다. ③무너지다. ④부패하다.

【图(圖)】 도 tú ①계획하다. ②그림.

【图谋】túmóu (나쁜 일을)꾀하다. 획책하다.

【图书馆】túshūguǎn 도서관.

【购(購)】 구 gòu 사다.

【购物】gòuwù 구매하다. 사다.

【购物中心】gòuwùzhōngxīn 쇼핑센터.

〈丿〉

【制(製)】 제 zhì 만들다.

【制品】zhìpǐn 제품.

【凭(憑)】 빙 píng

①의지하다. ②증거. ③~에 근거하다.

【凭据】píngjù 증거.

【货(貨)】 화 huò

①물건. 상품. ②재화.

【质(質)】 질 zhì

①성질. ②품질. ③소박하다. 질박하다.

【征(徵)】 정 zhēng

①모집하다. 구하다. ②증명하다. ③거두다.

【征候】 zhēnghòu 징후. 조짐.

【征求】 zhēngqiú 모집(하다).

【舍(捨)】 사 shě

①버리다. ②기부하다.

【舍命】 shěmìng 목숨을 바치다.

【舍不得】 shěbude ①아깝다. ②섭섭하다.

【贫(貧)】 빈 pín

①가난하다. ②부족하다. ③인색하다.

【鱼(魚)】 어 yú 물고기.

【备(備)】 비 bèi

①갖추다. ②준비하다. ③대비하다.

【备齐】 bèiqí 다 갖추다.

〈丶〉

【变(變)】 변 biàn 바뀌다. 변화(하다).

【变化】 biànhuà 변화(하다).

【变色龙】 biànsèlóng 카멜레온.

【卷(捲)】 권 juān

①둥글게 말다. 감다. ②주먹.

【单(單)】 단 dān

①하나의. 혼자의. ②표. 문서. ③간단하다.

【单程】 dānchéng 편도.

【单恋】dānliàn 짝사랑.

【浅(淺)】 천 qiǎn

①얕다. ②불충분하다. ③실력이 부족하다. ④색깔이 옅다.

【学(學)】 학 xué 배우다.

【学生】 xuésheng 학생.

【学校】 xuéxiào 학교.

【宝(寶)】 보 bǎo

①보배. 보물. ②소중하다. 귀중하다.

【宝贝】 bǎobèi 보배.

【宝贵】 bǎoguì 귀중하다. 소중히 하다.

【实(實)】 실 shí

①열매. ②사실. 실제. ③충실하다. ④진실하다.

【实诚】shícheng 성실하다. 진실되다.

【实际】shíjì 실제(의).

【试(試)】 시 shì

①시험(하다). ②비교하다. ③사용해보다.

【诗(詩)】 시 shī

①시. ②시경(詩經)의 약칭.

【诚(誠)】 성 chéng

①진실(성실)하다. ②참으로.

【诚然】chéngrán 확실히.

【视(視)】 시 shì 보다.

【视力】shìlì 시력.

【话(話)】 화 huà

①말. 이야기. ②말하다.

【该(該)】 해 gaī

①~해야 한다. ②빚을 지다. ③이. 그. 저.

【详(詳)】 상 xiáng 상세하다. 자세하다.

【详细】xiángxì 상세하다.

〈ㄱ〉

【录(錄)】 록 lù 기록하다.

【录音带】lùyīndài 녹음테이프.

【录影带】lùyǐngdài 비디오테이프.

【参(參)】

1. **참 cān** 참가하다. 가입하다.

2. **삼 shēn** 인삼.

【参加】cānjiā 참가하다.

【人参】rénshēn 인삼.

【线(線)】 선 xiàn 실. 선.

【练(練)】 련 liàn 훈련하다. 연습하다.

【练工】liàngōng 숙련공.

【练习】liànxí 연습(하다). 익히다.

【细(細)】 세 xì

①세밀하고 상세하다. ②가늘다. ③사소하다.

【终(終)】 종 zhōng 끝(나다). 결국.

【终身】 zhōngshēn 평생. 일생.

【终于】 zhōngyú 마침내. 드디어.

【织(織)】 직 zhī

①(직물을)짜다. 엮다. ②뜨개질하다.

【绍(紹)】 소 shào

①이어받다. ②소개(하다).

【绍兴酒】 shàoxīngjiǔ 소흥주.

【介绍】 jièshào 소개(하다). 중매하다.

【经(經)】 경 jīng

①다스리다. ②지나다. ③경험하다.

【经理】 jīnglǐ ①경영관리하다. ②지배인.

【经济席】 jīngjìxí (비행기의) 2등석.

9획

〈一〉

【贰(貳)】 이 èr

【帮(幫)】 방 bāng 돕다
【帮忙】 bāngmáng 돕다.
【帮手】 bāngshǒu 보조자. 조수.

【带(帶)】 대 dài
①띠. ②데려가다(오다). ③지니다.
【带來】 dàilái 가져오다.
【带子】 dàizi 띠. 벨트.

【荣(榮)】 영 róng

①번영하다. ②(초목이) 우거지다. ③영광. 영예.

【荣幸】 róngxìng 영광스럽다.

【药(藥)】 약 yào 약.

【药房】 yàofáng 약방

【药师】 yàoshī 약사

【标(標)】 표 biāo ①표지. ②표준.

【标签】 biāoqiān 상표.

【标谁】 biāozhǔn 표준.

【树(樹)】 수 shù

①나무. ②세우다. ③심다.

【树木】 shùmù 수목.

【树袋熊】 shùdàixióng 코알라.

【咸(鹹)】 함 xián ①짜다. ②짠맛.

【咸水】 xiánshuǐ 짠물. 소금물.

【面(麵)】 면 miàn

①밀가루. ②밀가루 음식.

【轻(輕)】 경 qīng

①가볍다. ②(나이가) 어리다.

【轻视】 qīngshì 경시하다.

【轻松】 qīngsōng ①쉽다. ②간단하다.

〈ㅈ〉

【战(戰)】 전 zhàn ①싸움. ②싸우다.

【战胜】 zhànshèng 전쟁에서 이기다.

【战争】 zhànzhēng 전쟁.

【点(點)】 점 diǎn

①점. ②시간의 단위. ③방울. ④약간. 조금.
⑤불을 붙이다. ⑥주문하다.

【点菜】 diǎncài 요리를 주문하다.

【一点儿】 yīdiǎnr 조금.

【临(臨)】 림 lín

①임하다. 방문하다. ②직면하다. ③임시로.

【尝(嘗)】 상 cháng

①맛을 보다. ②체험하다. ③시험해보다. ④이전에. 일찍이

【显(顯)】 현 xiǎn

①분명하다. ②보이다.

【显然】 xiǎnrán 명백하다.

【显示器】 xiǎnshìqì 모니터.

【贵(貴)】 귀 guì

①귀하다. 귀중하다. ②중시하다. ③비싸다.

【虽(雖)】 수 suī 비록 ～일지라도.

【骂(罵)】 매 mà

①욕하다. 매도하다. ②꾸짖다.

【贱(賤)】 천 jiàn

①경시하다. ②지위가 낮고 천하다.

〈丿〉

【钟(鐘)】 종 zhōng ①종. ②시계.

【钥(鑰)】 약 yào 열쇠

【选(選)】 선 xuǎn

①고르다. ②선거하다.

【选举】 xuǎnjǔ 선거하다.

【选择】 xuǎnzé 선택하다.

【适(適)】 적 shì 알맞다.

【适當】 shìdāng 적당하다.

【适合】 shìhé 적합하다.

【种(種)】 종

1. zhǒng ①종류. ②종자.

2. zhòng 심다.

【种类】 zhǒnglèi 종류.

【种树】 zhòngshù 나무를 심다.

【复(復)】

1. 복 fù ①돌아오다. ②회복하다.

2. 부 fù 다시.

【复習】 fùxí 복습하다.

【复兴】 fùxīng 부흥(하다).

【复(複)】 복 fù

①중복되다. ②복잡하다.

【复印】 fùyìn 복사(하다).

【复雜】 fùzá 복잡하다.

【笃(篤)】 독 dǔ

①돈독하다. 두텁다. ②성실하다.

【俩(倆)】 량

1. **liǎ** 두 개. 두 사람.

2. **liǎng** 기술. 솜씨.

【顺(順)】 순 shùn

①순조롭다. ②순종하다.

【顺流】 shùnliú 순조롭다.

【顺便】 shùnbiàn ～하는 김에.

【俭(儉)】 검 jiān 검소하다.

【俭朴】 jiānpǔ 검소하다. 소박하다.

【俭省】 jiānshěng 절약하다. 아껴 쓰다.

【剑(劍)】 검 jiàn 칼. 검.

【须(須)】 수 xū 반드시 ~해야 한다.

【须要】 xūyào ①반드시 ~해야 한다. ②필요하다.

【须知】 xūzhī ①반드시 알아야 한다. ②주의사항.

【胜(勝)】 승 shèng

①이기다. ②낫다. 우월하다. ③아름답다. 훌륭하다.

【勝利】 shènglì 승리하다.

【勝景】 shèngjǐng 뛰어난 경치.

【独(獨)】 독 dú 혼자. 홀로.

【独立】 dúlì 독립(하다).

【独生子】 dúshēngzi 외아들.

【贸(貿)】 무 mào

①바꾸다. 무역하다. ②경솔하다.

【贸贸(然)】 màomào(ran) 경솔하다.

【贸易】 màoyì 무역(하다).

〈丶〉

【将(將)】 장

1. jiāng 장차. 머지않아

2. jiàng ①장수. 장군. ②(군대를) 통솔하다.

【將來】 jiānglái 장래. 앞으로.

【將帥】 jiāngshuài 장수. 사령관.

【奖(奬)】 장 jiǎng

①장려하다. ②칭찬하다. ③상장. 상품.

【奖杯】 jiǎngbēi 우승컵.

【奖励】 jiǎnglì 장려하다. 표창하다.

【亲(親)】 친 qīn

①친하다. ②입 맞추다. ③부모. 친족. ④친히. 몸소.

【亲颊】 qīnjiá 뺨에 대고 비비다. 뺨에 뽀뽀하다.

【亲戚】 qīnqī 친척.

【闻(聞)】 문 wén

①듣다. ②냄새 맡다. ③소식. ④명성.

【闻名】 wénmíng 유명하다.

【新闻】 xīnwén 뉴스.

【养(養)】 양 yǎng

①기르다. 키우다. ②부양하다. ③요양하다.

【养家】 yǎngjiā 가족을 부양하다.

【养育】 yǎngyù 양육하다.

【类(類)】 류 lèi

①종류. ②유사하다.

【类型】 lèixíng 유형.

【类似】 lèisì 유사(하다). 비슷(하다).

【总(總)】 총 zǒng

①합치다. ②전체의. ③결국은. ④언제나.

【总是】 zǒngshì 결국. 언제나.

【总之】 zǒngzhī 요컨대.

【济(濟)】 제

1. jì ①구하다. 도와주다. ②끝마치다.
　　③강을 건너다. ④쓸모가 있다. 유용하다.

2. jǐ 땅 이름.

【举(舉)】 거 jǔ

①들어 올리다. ②일으키다.

【举办】 jǔbàn 거행하다. 개최하다.

【举例】 jǔlì 예를 들다.

【觉(覺)】 각

1. jué 느끼다. 깨닫다.

2. **jiào** 잠을 깨다.

【觉得】juéde 느끼다. 생각하다.

【睡觉】jiàojiào 잠을 자다.

【语(語)】어 yǔ 말(하다).

【语法】yǔfǎ 어법.

【语言】yǔyán 언어.

【说(說)】

1. **설 shuō** 말하다. 이야기하다.

2. **열 yuè** 기쁘다.

3. **세 shuì** 설득하다.

【说话】shuōhuà 이야기하다.

【说明】shuōmíng 설명하다.

【说客】shuìkè ①세객. ②웅변가.

〈ㄱ〉

【费(費)】비 fèi

①쓰다. ②비용. 요금.

【费力】fèilì 애쓰다. 노력하다.

【费用】fèiyòng 비용.

【贺(賀)】 하 hè 축하하다.

【贺年】 hènián 새해를 축하하다.

【祝贺】 zhùhè 축하(하다).

【结(結)】 결 jié

①맺다. ②마치다.

【结婚】 jiéhūn 결혼(하다).

【结束】 jiéshù 끝나다. 종결(하다).

【结账】 jiézhàng 계산. 결산(하다).

【统(統)】 통 tǒng

①큰 줄기. ②실마리. ③계통. ④거느리다. 다스리다

【统治】 tǒngzhì 통치(하다).

【系统】 xìtǒng 체계. 시스템.

【给(給)】 급

1. gěi ①주다. ②~에게.

2. jǐ ①공급하다. ②넉넉하다.

【送给】 sònggěi 주다. 선사하다.

【还给】 huángěi ~에게 돌려주다.

【给足】 jǐzú ①충분히 주다. ②풍족하다.

【绝(絕)】 절 jué

①끊다. ②다하다. ③극히. 매우. ④결코. 절대로.

【绝对】juéduì 절대로. 반드시.

【绝食】juéshí 단식(하다).

【绝症】juézhèng 불치병.

10획

〈一〉

【赶(趕)】 간 gān

①달리다. 급히 가다. ②뒤쫓다. ③내몰다.

【赶快】 gānkuài 빨리. 어서.

【盐(鹽)】 염 yán 소금.

【挚(摯)】 지 zhì

①잡다. 손으로 쥐다. ②진지하다. ③지극하다.

【热(熱)】 열 rè ①열. ②덥다. 뜨겁다.

【热烈】 rèliè 열렬하다.

【热闹】 rènao ①번화하다. ②떠들썩거리다.

【获(獲)】 획 huò

①붙잡다. 포획하다. ②획득하다. 얻다.

【恶(惡)】

1. **악 è** ①악행. ②악하다.

2. **오 wù** 싫어하다. 미워하다.

【恶臭】èchòu 악취(가 나다).

【恶习】èxí 악습. 나쁜 습관.

【顾(顧)】 고 gù ①돌보다. ②방문하다.

【顾客】gùkè 고객.

【顾虑】gùlù 고려하다.

【较(較)】 교 jiào ①비교하다. ②비교적.

【较量】jiàoliàng 겨루다. 대결하다. 경쟁하다.

【比较】bǐjiào 비교하다. 비교적.

〈ㅣ〉

【监(監)】 감 jiān ①살피다. 감독하다. ②감옥.

【监督】jiāndū 감독(하다).

【监牢】jiānláo 감옥.

【紧(緊)】 긴 jǐn

①굳게 감다. 팽팽하다. ②단단하다. 빈틈이 없다.
③시간이 급박하다. ④엄중하다. ⑤꼭 조이다.

【晓(曉)】 효 xiǎo

①새벽. ②깨닫다. 이해하다. ③깨우치다. 타이르다.

【圆(圓)】 원 yuán

①둥글다. 원만하다. ②완전하다. 충분하다.
③원. 동그라미. ④화폐 단위.

〈ノ〉

【钱(錢)】 전 qián ①돈. ②동전. ③값.

【钱包】 qiánbāo 돈지갑.
【钱鈔】 qiánchāo 동전과 지폐.

【铁(鐵)】 철 tiě

①쇠. 철. ②무기. ③단단하다.
【铁道】 tiědào 철도.
【铁路】 tiělù 철로. 철도.

【积(積)】 적 jī

①쌓다. ②모으다. 저축하다. ③포개다. 쌓이다. ④저축

【称(稱)】 칭

1. chēng ①일컫다. 부르다. ②칭찬하다.

③저울질하다. ④저울.

⑤명성. 명예. ⑥명칭. 이름.

2. chèn ①적합하다. 어울리다. 알맞다. ②만족하다.

【笔(筆)】 필 bǐ

①붓. 필기구의 총칭. ②글씨. 필체.

③글씨를 쓰다. ④글자의 획수.

【借(藉)】 자

1. jiè ①깔개. ②의존하다. ③핑계 삼다.

2. jí ①밝다. ②공헌하다. ③흐트러지다. 낭자하다.

【爱(愛)】 애 ài

①사랑하다. 좋아하다. ②귀여워하다.

【爱人】 àiren 아내 또는 남편.

【爱情】 àiqíng 애정.

【脑(腦)】 뇌 nāo

①뇌. 머리. ②우두머리.

〈丶〉

【准(準)】 준 zhǔn

①모범으로 삼다. ②기준. 표준. ③정확하다.

【准备】 zhǔnbèi 준비(하다).

【准时】 zhǔnshí 정확한 시간.

【离(離)】 리 lí ①떨어지다. ②헤어지다.

【离家】 líjiā 집(고향)을 떠나다.

【离开】 líkāi 떠나다. 헤어지다.

【资(資)】 자 zī

①재물. 재화. ②자본. 비용. ③도와주다. ④타고난 소질.

【竞(競)】 경 jìng 겨루다. 경쟁하다.

【竞赛】 jìngsài 경기(하다). 시합(하다).

【竞选】 jìngxuǎn 선거운동(하다).

【烦(煩)】 번 fán

①번거롭다. 번잡하다. ②귀찮다. 질리다.
③번민하다. ④번민. 고민

【宽(寬)】 관 kuān
①너그럽다. ②넓다. ③느슨하다. 늦추다. ④온후하다.

【宾(賓)】 빈 bīn
①손님. ②손님으로 대우하다. ③존경하다.

【请(請)】 청 qǐng
①청하다. 부탁하다. ②초대하다. 초청하다.
③한턱내다. ④문안드리다. 묻다. ⑤청하건대. 부디.

【读(讀)】 독 dú
①글을 읽다. ②공부하다. 배우다.
【读书】 dúshū 독서하다. 공부하다.
【读者】 dúzhě 독자.

【课(課)】 과 kè
①수업. 강의. ②과(기관, 행정상의 단위).
【课本】 kèběn 교과서.
【上课】 shàngkè 수업이 있다. 수업하다.

【谁(誰)】 수 shéi, shuí 누구. 어떤 사람.

【调(調)】 조

1. diào ①음악의 가락. 음조. ②성조. 어조.

③조사하다.

2. tiáo ①고르다. 일정하다. ②알맞다.

③알맞게 배합하다. ④조정하다.

【谈(談)】 담 tán

①말하다. 이야기하다 ②말. 이야기

〈ㄱ〉

【难(難)】 난 nán 어렵다. 힘들다.

【难过】 nánguò ①마음이 아프다. ②생활이 고생스럽다.

【难看】 nánkàn 보기 싫다. 보기 흉하다.

【预(豫)】 예 yù

①미리(하다). ②참여하다. ③맡기다.

【继(繼)】 계 jì

①잇다. 계승하다. ②계속되다.

【继承】jìchéng 계승하다.

【继续】jìxù 계속(하다).

11획

〈一〉

【据(據)】 거 jù

①근거하다. ②근거를 삼다. ③증거. 증서.

【职(職)】 직 zhí ①직책. ②직업.

【营(營)】 영 yíng

①경영하다. ②다스리다. ③경영. ④병영. 군영.

【梦(夢)】 몽 mèng

①꿈. ②환상. ③꿈꾸다.

【检(檢)】 검 jiān 조사하다. 검사하다.

〈丿〉

【银(銀)】 은 yín 은. 화폐.

【偿(償)】 상 cháng
①갚다. 배상하다. ②보상. 보답.

【盘(盤)】 반 pán 소반. 쟁반.

【领(領)】 령 lǐng
①옷깃. ②목. 목덜미. ③가장 중요한 곳. 요점.
④거느리다. 다스리다.

【脸(臉)】 검 liǎn ①얼굴. ②체면. 면목.

【馆(館)】 관 guǎn 객사. 여관.

〈丶〉

【盖(蓋)】 개 gài
①덮다. 가리다. ②뚜껑. 덮개. ③아마. 대개.

【断(斷)】 단 duàn
①끊다. 끊어지다. ②결정하다. 판단하다.

【兽(獸)】 수 shòu ①짐승. ②야만적인.

【渔(漁)】 어 yú 물고기를 잡다.

【惊(驚)】 경 jīng
①놀라다. 놀라게 하다. ②빠르다.

〈ㄱ〉

【随(隨)】 수 suí
①따라가다. ②~에 맡기다. ~대로 하다.

【隐(隱)】 은 yǐn
①숨기다. ②숨다. ③은밀하다.

【续(續)】 속 xù ①잇다. ②계속되다.

【绿(綠)】 록 lǜ ①초록빛. ②푸르다.

12획

〈一〉

【确(確)】 확 què

①굳다. 단단하다. ②확실하다. ③확실히.

〈丿〉

【赏(賞)】 상 shǎng

①상을 주다. ②상. 상품. ③즐기다. 감상하다.

【遗(遺)】 유 yí

①잃어버리다. ②빠뜨리다. 누락하다. ③남기다.

【装(裝)】 장 zhuāng

①옷차림을 하다. ②화장하다. ③옷차림. 장식. ④싣다.

【谢(謝)】 사 xiè

①사례하다. 감사하다. ②사죄하다. ③거절하다. ④물러나다.

〈ㄱ〉

【属(屬)】 속 shǔ

①무리. 동아리 ②가족. 혈족 ③부하 ④～에 속하다

13획

〈一〉

【摆(擺)】 파 bǎi

①열리다. ②벌여놓다. 배열하다.
③흔들다. 흔들리다. ④털어버리다. ⑤천천히 걷다.

【蓝(藍)】 람 lán

①쪽(염료로 쓰는 풀 이름). ②남색. 쪽빛. ③누더기.

【献(獻)】 헌 xiàn

①제사에 바치다. ②선사하다. ③술을 권하다. ④헌상하는 물건.

【楼(樓)】 루 lóu

①다락. 망루. ②건물의 층수. ③이층 이상의 건물.

【输(輸)】 수 shū

①수레로 물건을 나르다. 운송하다. ②패하다.
③선물하다. 바치다.

〈丿〉

【频(頻)】 빈 pín ①자주. 빈번히. ②급.

【龄(齡)】 령 líng 나이. 연령.

【鉴(鑒)】 감 jiàn

①거울. ②귀감. 모범. ③비추다. ④성찰하다.

〈丿〉

【错(錯)】 착 cuò

①뒤섞이다. ②잘못하다. 틀리다.
③잘못. 착오. ④좋지 않다. 나쁘다.

【辞(辭)】 사 cí

①말. 언변. ②말하다. 알리다. ③거절하다.
④헤어지다. ⑤사퇴하다. ⑥운문 문체의 하나.

【签(簽)】 첨 qiān 서명하다. 조인하다.

【简(簡)】 간 jiǎn

①죽간. ②간단하다. 줄이다. ③편지.

【鲍(鮑)】 포 bào 절인 생선.

【触(觸)】 촉 chù

①닿다. 손대다. ②부딪히다. ③뿔로 들이받다.

〈丶〉

【酱(醬)】 장 jiàng

①된장. ②잼 종류. ③된장에 절이다.

【数(數)】 수

1. shǔ 수를 세다. 손꼽히다.

2. shù ①수. 숫자. ②꾀. 계책. ③몇. 여러.

14^획

〈一〉

【愿(願)】 원 yuàn

①바라다. 원하다. ②염원. 소원.

【辗(輾)】 전 zhǎn

①구르다. 반전하다. ②몸을 뒤척이다.

〈丿〉

【鲜(鮮)】 선 xiān

①곱다. 아름답다. ②선명하다. ③날고기. ④드물다.

15획

〈一〉

【聪(聰)】 총 cōng

①총명하다. 영리하다. ②귀가 밝다.

〈丿〉

【题(題)】 제 tí

①표제. 제목. ②문제. 물음. ③쓰다. 나타나다.

〈丶〉

【颜(顏)】 안 yán

①얼굴. 표정. ②체면. ③빛깔.

16^획

〈ㅡ〉

【颠(顚)】 전 diān

①꼭대기. ②떨어지다. ③넘어지다. ④근본. 근원.

〈丶〉

【辩(辯)】 변 biàn

①언변이 뛰어나다. ②논쟁하다. ③변론하다.

색인

⟨ㄱ⟩

큰글자 살림지식총서 079

핵심 중국어 간체자(简体字)

펴낸날	초판 1쇄 2013년 4월 12일
	초판 2쇄 2017년 3월 23일

지은이	김현정
펴낸이	심만수
펴낸곳	(주)살림출판사
출판등록	1989년 11월 1일 제9-210호

주소	경기도 파주시 광인사길 30
전화	031-955-1350 팩스 031-624-1356
홈페이지	http://www.sallimbooks.com
이메일	book@sallimbooks.com

ISBN	978-89-522-2416-3 04080
	978-89-522-3549-7 04080 (세트)

※ 이 책은 큰 글자가 읽기 편한 독자들을 위해
   글자 크기 14포인트, 4×6배판으로 제작되었습니다.